©Copyright 2017 Elke Selke
Herstellung und Verlag: BoD - Books on Demand, Norderstedt
ISBN 9783743165571

Bibliografische Information der Deutschen Nationalbibliothek
Die Deutsche Nationalbibliothek verzeichnet diese Publikation in der Deutschen Nationalbibliografie; detaillierte bibliografische Daten sind im Internet über www.dnb.de abrufbar.

Elke Selke

Aus dem Ei gehäkelt
15 lustige Häkelfiguren

Fotografie: Karsten Selke

Inhalt

Vorwort — 5

Bevor Sie beginnen — 6

Die Grundlagen — 7

Die Maus — 9

Ein lustiger Hühnerhof (Henne, Hahn, Küken) — 13

Der Zwerg — 19

Der Clown — 22

Der Förster — 25

Ein Brautpaar — 28

Der Weihnachtsmann — 34

Der kleine Koch — 37

Junge mit Pudelmütze — 40

Mädchen in Pink — 43

Strubbelköpfchen — 46

Der kleine Pirat — 49

Impressum — 52

Liebe Leserinnen und liebe Leser

Was war zuerst da - die Henne oder das Ei? Das ist eine Frage, über die sich die Philosophen streiten können. Bei den Figuren des Buches ist die Antwort nämlich klar - Das Ei war zuerst da! Aus jeweils einem Ei sind nicht nur Huhn, Hahn und Küken sondern auch Zwerge, Schornsteinfeger, Pirat, Brautpaar, Koch, Clown und viele andere Figuren entstanden.

Das Gute ist, das Häkeln der Figuren ist ganz einfach. Nur wenige Maschen kommen zum Einsatz und auch Anfänger/innen erzielen schnell Erfolge.

Aber Vorsicht: Wer einmal mit den Eierfiguren begonnen hat, der kann kaum noch aufhören!

Ich wünsche Ihnen viel Erfolg und vor allem viel Spaß beim Häkeln!

Elke Selke

Bevor Sie beginnen

Das Material

Für die Figuren wurden Styroporeier in den Größen 6,1 cm und 4,5 cm verwendet. Diese sind in jedem gut sortierten Bastelladen oder im Internet erhältlich.

Weiterhin benötigen Sie Teddyaugen mit Öse. Stattdessen können Sie die Augen auch mit schwarzem Garn aufsticken.

Ich habe Merinowolle extrafein mit einer Lauflänge von 160 m/ 50 g verwendet. Diese Wolle gibt es in unzähligen Farben von verschiedenen Herstellern in verschiedenen Preiskategorien. Sie können auch Baumwolle oder Acrylgarn benutzen oder auch Ihre Wollreste verwenden, denn pro Figur benötigen Sie nur minimale Mengen. Achten Sie darauf, dass die Lauflänge in etwa der angegebenen entspricht, dann passen auch die Beschreibungen. Wenn Sie Wollreste verarbeiten, müssen diese Qualität und Lauflänge identisch sein. Nur dann erzielen Sie das gewünschte Ergebnis.

Das Werkzeug

Sie benötigen zur Herstellung der Figuren eine zum Garn passende Häkelnadel. Bei Garn in der Lauflänge von 160 m/ 50 g wird eine Häkelnadel der Stärke 3 empfohlen. Die Angabe zur Nadelstärke finden Sie auf der Banderole des Garns.
Weiterhin benötigen Sie eine Sticknadel ohne Spitze zum Vernähen der Fäden und eine Sticknadel mit Spitze zur Befestigung der Augen, denn dabei müssen Sie das Styropor-Ei durchstechen. Das gelingt mit einer spitzen Nadel besser. Sie brauchen nur noch eine kleine Schere.

Die Häkelmaschen

Nur ganz wenige Maschen kommen zum Einsatz: Luftmaschen, feste Maschen, Kettmaschen, Stäbchen, halbe Stäbchen.

Die Abkürzungen

M	Masche/n
LM	Luftmasche/n
FM	feste Masche/n
KM	Kettmasche/n
Stb	Stäbchen
HStb	halbes Stäbchen
Rd	Runde/n
R	Reihe/n
VorRd	Vorrunde/n
VorR	Vorreihe/n
LL	Lauflänge
Fb	Farbe

Die Grundlagen

Alle Figuren sind ähnlich gearbeitet. Grundlagen werden in den folgenden Bildern dargestellt.

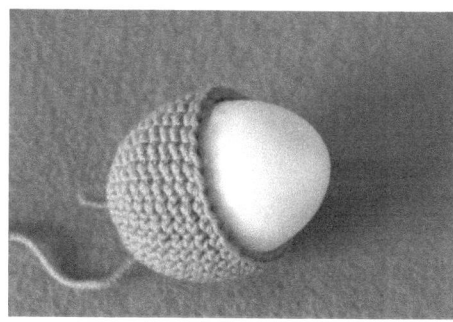

Das Einsetzen des Styroporeis:

Bevor mit den Abnahmen begonnen wird, wird das Styropor-Ei mit dem dicken Ende nach unten eingesetzt.

Die Füße:

Für die Füße wird zuerst ein Schlauch gehäkelt, dieser wird an die Unterseite des Körpers genäht.

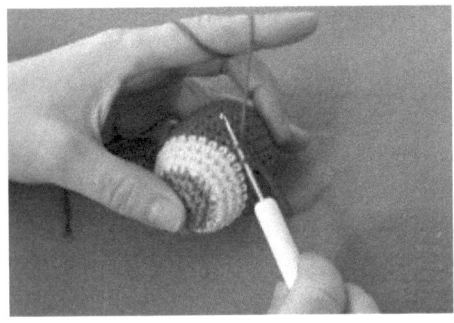

Das Anhäkeln der Arme:
Die Arme werden direkt an den Körper gehäkelt.

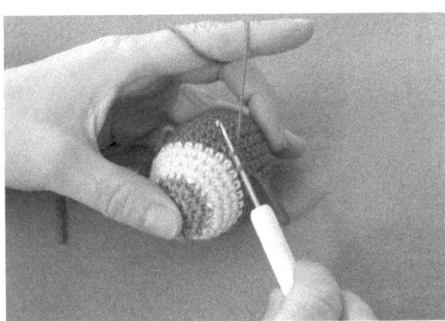

Das Befestigen der Arme:
Die Arme werden mit wenigen Stichen an den Händen am Körper befestigt.

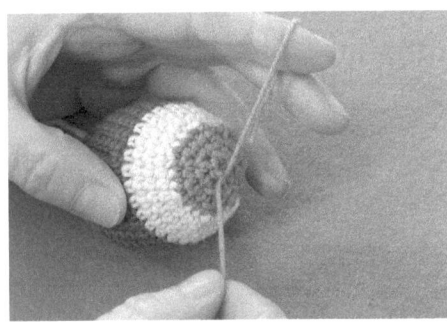

Das Anknoten der Haare:
Die Haare werden einzeln am Oberkopf durch die Maschen gezogen und mit doppeltem Knoten befestigt.

Das Befestigen der Augen:
Die Augen werden aufgefädelt, mit einer spitzen Nadel durch das Styropor gezogen und auf der Rückseite verknotet und verstochen.

Die Maus

Material:

- 1 Styropor-Ei (Höhe: 6,1 cm)
- 15 g Merinowolle (LL 160 m/ 50 g) weiß – Farbe 1
- 2 m Merinowolle (LL 160 m/ 50 g) rosa – Farbe 2
- 2 m Sternzwirn schwarz
- 2 Glasaugen schwarz Durchmesser 7 mm
- Häkelnadel Stärke 3
- Sticknadel ohne Spitze
- Sticknadel mit Spitze

Anleitung:

1. Rd: Häkeln Sie 7 fM mit Garn in Fb 1 in einen Fadenring.
2. Rd: Häkeln Sie je 2 fM in jede M der VorRd.
3. und 4. Rd: Es wird in Rd weiter gehäkelt, dabei an 7 gleichmäßig verteilten Stellen je 2 fM in eine Einstichstelle arbeiten. In der 4. Rd haben Sie 28 fM.
Von der 5. bis zur 18. Rd ohne weitere Zunahmen häkeln.
Setzen Sie nun das Styropor-Ei mit dem dicken Ende nach unten ein.
19.- 22. Rd: An 7 gleichmäßig verteilten Stellen wird in jeder Rd je eine M der VorRd übersprungen.
23. Rd: Es werden fM gehäkelt, dabei wird jede zweite M übersprungen, die restlichen M werden mit einem Faden zusammengezogen.

Die Ohren:
1. Rd: Häkeln Sie 6 fM mit Garn in Fb 1 in einen Fadenring.
2. Rd: Häkeln Sie je 2 fM in jede M der VorRd.
3. Rd. Häkeln Sie fM, dabei in jede zweite M jeweils 2 fM arbeiten.
Beenden Sie das Ohr mit einer KM. Arbeiten Sie das zweite Ohr identisch.

Der Schwanz:
Häkeln Sie eine LM-Kette aus 20 LM mit doppeltem Garn in Fb 1.

Fertigstellung:

Befestigen Sie den Schwanz am Hinterteil der Maus in der dritten Rd.
Befestigen Sie nun die Augen in der 15, Rd von unten links und rechts am Kopf. Die beiden Augen werden im Abstand von 5 fM befestigt.
Fädeln Sie ein Auge auf einen Faden in Fb 1, stechen Sie mit der Nadel durch die Häkelmaschen und durch das Styropor. Verfahren Sie mit dem zweiten Auge ebenso und verknoten Sie die Fäden beider Augen unsichtbar am Hinterkopf. Die Fadenenden verstechen Sie unter den Häkelmaschen und schneiden die Reste ab.
Schneiden Sie nun drei Fäden Sternzwirn auf 7 cm Länge ab, ziehen Sie diese durch eine fM in der Mitte eine Rd unterhalb unterhalb der

Augen und verknoten Sie die drei Fäden um die fM. Sticken Sie mit Garn in Fb 2 die Schnauze über dieser fM auf. Dazu sticken Sie 6 Plattstiche von unten nach oben. Schneiden Sie die Tasthaare links und rechts der Schnauze auf etwa 2 cm ab.
Nähen Sie die Ohren rechts und links am Oberkopf an.
Die Maus ist fertig.

Ein lustiger Hühnerhof

Die Henne

Material:

- 1 Styropor-Ei (Höhe: 6,1 cm)
- 10 g Merinowolle (LL 160 m/ 50 g) weiß – Farbe 1
- 05 g Merinowolle (LL 160 m/ 50 g) rot – Farbe 2
- 2 m Merinowolle (LL 160 m/ 50 g) gelb – Farbe 3
- 2 Glasaugen schwarz Durchmesser 6 mm
- Häkelnadel Stärke 3
- Sticknadel ohne Spitze
- Sticknadel mit Spitze

Anleitung:

1. Rd: Häkeln Sie 7 fM mit Garn in Fb 1 in einen Fadenring.
2. Rd: Häkeln Sie je 2 fM in jede M der VorRd.
3. und 4. Rd: Es wird in Rd weiter gehäkelt, dabei an 7 gleichmäßig verteilten Stellen je 2 fM in eine Einstichstelle arbeiten. In der 4. Rd haben Sie 28 fM.
Von der 5. bis zur 18. Rd ohne weitere Zunahmen häkeln.
Setzen Sie nun das Styropor-Ei ein mit dem dicken Ende nach unten.
19.- 20. Rd: An 7 gleichmäßig verteilten Stellen wird je eine M der VorRd übersprungen.
21. Rd: Mit Garn in Fb 2 werden fM gehäkelt. Sie erhalten in der Rd 14 fM.
22. Rd: Häkeln Sie durch die 1. und 14. M der VorRd eine fM und 5 LM. Fahren Sie ebenso mit der 2. und 13. M; mit der 3. und 12. M; mit der 4. und 11. M; mit der 5. und 10.M; mit der 6. und 9. M fort. Häkeln Sie dann noch eine fM durch die 7. und 8. M und der Kamm ist entstanden.

Die Flügel:
1. Rd: Häkeln Sie 6 fM mit Garn in Fb 1 in einen Fadenring.
2. Rd: Häkeln Sie je 2 fM in jede M der VorRd.
3. Rd. Häkeln Sie fM, dabei in jede zweite M jeweils 2 fM arbeiten. In die 8. fM arbeiten Sie ein Pikot aus drei LM. Häkeln Sie die 9. fM in die gleiche Einstichstelle wie die 8. und arbeiten Sie bis zum Ende der Rd abwechselnd 1 fM und 2 fM in die M der VorRd. Beenden Sie den Flügel mit einer KM.
Arbeiten Sie den zweiten Flügel identisch.

Der Schnabel:
Häkeln Sie mit Garn in Fb 3 in die 4. Rd unterhalb der Vorderseite des Kamms eine fM, 2 LM, eine fM 2 LM und eine KM.

Der Kehllappen wird mit Fb 2 direkt unter den Schnabel gehäkelt. Häkeln Sie eine fM, 3 LM und eine KM in die M unter dem Schnabel.

Der Schwanz:
Häkeln Sie 7 fM mit Garn in Fb 1 in einen Fadenring.
2. Rd: Häkeln Sie nun in jede der M der VorRd je 1 fM, 10 LM, 1 fM, 10 LM.
Beenden Sie die Rd mit einer KM.

Fertigstellung:

Nähen Sie den Schwanz an das Hinterteil der Henne.
Befestigen Sie nun die Augen in der Rd oberhalb des Schnabels links und rechts am Kopf. Fädeln Sie dazu ein Auge auf einen Faden in Fb 1, stechen Sie mit der Nadel durch die Häkelmaschen und durch das Styropor. Verfahren Sie mit dem zweiten Auge ebenso und verknoten Sie die Fäden beider Augen unsichtbar am Hinterkopf. Die Fadenenden verstechen Sie unter den Häkelmaschen und schneiden die Reste ab.
Nähen Sie die Flügel rechts und links etwa zwischen 8. und 14. Rd an. Das kleine Pikot zeigt als Flügelspitze dabei nach hinten/ unten in Richtung des Schwanzes. Die Henne ist fertig.

Der Hahn

Material:
- 1 Styropor-Ei (Höhe: 6,1 cm)
- 10 g Merinowolle (LL 160 m/ 50 g) braun – Farbe 1
- 05 g Merinowolle (LL 160 m/ 50 g) weinrot – Farbe 2
- 05 g Merinowolle (LL 160 m/ 50 g) multicolor rot-gelb-blau -Farbe 3
- 2 m Merinowolle (LL 160 m/ 50 g) gelb – Farbe 4
- 2 Glasaugen schwarz Durchmesser 6 mm
- Häkelnadel Stärke 3
- Sticknadel ohne Spitze
- Sticknadel mit Spitze

Anleitung:
1. Rd: Häkeln Sie 7 fM mit Garn in Fb 1 in einen Fadenring.
2. Rd: Häkeln Sie je 2 fM in jede M der VorRd.
3. und 4. Rd: Es wird in Rd weiter gehäkelt, dabei an 7 gleichmäßig verteilten Stellen je 2 fM in eine Einstichstelle arbeiten. Die 4. Rd hat 28 fM.
Von der 5. bis zur 18. Rd ohne weitere Zunahmen häkeln.
Setzen Sie nun das Styropor-Ei ein mit dem dicken Ende nach unten.
19.- 20. Rd: An 7 gleichmäßig verteilten Stellen wird je eine M der VorRd übersprungen.
21. Rd: Mit Garn in Fb 2 werden fM gehäkelt. Die Rd enthält 14 fM.
22. Rd: Häkeln Sie durch die 1. und 14. M der VorRd eine fM und 5 LM. Fahren Sie ebenso mit der 2. und 13. M; mit der 3. und 12. M; mit der 4. und 11. M; mit der 5. und 10.M; mit der 6. und 9. M fort. Häkeln Sie dann noch eine fM durch die 7. und 8. M und der Kamm ist entstanden.

Der Schnabel:
Häkeln Sie mit Garn in Fb 4 in die 4. Rd unterhalb der Vorderseite des Kamms eine fM, 2 LM, eine fM und eine KM.

Die Flügel:
1. Rd: Häkeln Sie 6 fM mit Garn in Fb 1 in einen Fadenring.
2. Rd: Häkeln Sie je 2 fM in jede M der VorRd.
3. Rd: Häkeln Sie fM, dabei in jede zweite M jeweils 2 fM arbeiten. Die Rd enthält 18 M
4. Rd: Häkeln Sie fM, dabei je 2 fM in jede dritte M der VorRd arbeiten. In die 11. fM arbeiten Sie ein Pikot aus drei LM. Häkeln Sie die 12. fM in die gleiche Einstichstelle wie die 11. und arbeiten Sie bis zum Ende der Rd weiter fM wobei in jede dritte M je 2 fM gehäkelt werden.
Beenden Sie den Flügel mit einer KM.
Arbeiten Sie den zweiten Flügel identisch.

Der Kehllappen wird mit Fb 2 direkt unter den Schnabel gehäkelt. Häkeln Sie eine fM, 1 LM, 3 hStb in die M unter dem Schnabel.

Der Schwanz:
Häkeln Sie 9 fM mit Garn in Fb 3 in einen Fadenring.
2. Rd: Häkeln Sie nun in jede der M der VorRd je 1 fM, 20 LM, 1 fM 20 LM. Beenden Sie die Rd mit einer KM.

Fertigstellung:

Nähen Sie den Schwanz an das Hinterteil des Hahns.
Befestigen Sie nun die Augen in der Rd oberhalb des Schnabels links und rechts am Kopf. Fädeln Sie dazu ein Auge auf einen Faden in Fb 1, stechen Sie mit der Nadel durch die Häkelmaschen und durch das Styropor. Verfahren Sie mit dem zweiten Auge ebenso und verknoten Sie die Fäden beider Augen unsichtbar am Hinterkopf. Verstechen Sie die Fadenenden unter den Häkelmaschen und schneiden Sie die Reste ab.
Nähen Sie die Flügel rechts und links oberhalb der 7. Rd an. Das kleine Pikot zeigt als Flügelspitze dabei nach hinten/ unten in Richtung des Schwanzes.
Der Hahn ist fertig.

Zwei kleine Küken

Material:
- 2 Styropor-Eier (Höhe: 4,5 cm)
- 15 g Merinowolle (LL 160 m/ 50 g) gelb – Farbe 1
- 05 g Merinowolle (LL 160 m/ 50 g) rot– Farbe 2
- 4 Glasaugen schwarz Durchmesser 5 mm
- Häkelnadel Stärke 3
- Sticknadel ohne Spitze
- Sticknadel mit Spitze

Anleitung:
1. Rd: Häkeln Sie 7 fM mit Garn in Fb 1 in einen Fadenring.
2. Rd: Häkeln Sie je 2 fM in jede M der VorRd.
3. Rd: Häkeln Sie fM dabei in jede dritte M der VorRd je 2 fM in eine Einstichstelle arbeiten. Die Runde enthält somit 21 M.
Von der 4. bis zur 15. Rd ohne weitere Zunahmen häkeln.
Setzen Sie nun das Styropor-Ei ein mit dem dicken Ende nach unten.
16.- 18. Rd: Es werden fM gehäkelt. An 7 gleichmäßig verteilten Stellen wird je eine M der VorRd übersprungen.
Die restlichen M werden mit einem Faden zusammengezogen.

Die Flügel:
1. Rd: Häkeln Sie 6 fM mit Garn in Fb 1 in einen Fadenring.
2. Rd: Häkeln Sie je 2 fM in jede M der VorRd.
3. Rd. Häkeln Sie fM, dabei in jede zweite M jeweils 2 fM arbeiten. In die 8. fM arbeiten Sie ein Pikot aus drei LM. Häkeln Sie die 9. fM in die gleiche Einstichstelle wie die 8. und arbeiten Sie bis zum Ende der Rd abwechselnd 1 fM und 2 fM in die M der VorRd. Beenden Sie den Flügel mit einer KM. Arbeiten Sie den zweiten Flügel identisch.

Der Schnabel:
Häkeln Sie mit Garn in Fb 2 in die 13. Rd von unten eine fM und eine KM.

Der Schwanz:
Häkeln Sie in die 7. Rd von unten in die Hinterseite des Kükens eine fM, 5 LM, eine fM, 5 LM, eine fM, 5 LM und eine KM mit Garn in Fb 1.

Fertigstellung:

Befestigen Sie die Augen in der Rd oberhalb des Schnabels links und rechts am Kopf. Fädeln Sie dazu ein Auge auf einen Faden in Fb 1, stechen Sie mit der Nadel durch die Häkelmaschen und durch das Styropor. Verfahren Sie mit dem zweiten Auge ebenso und verknoten Sie die Fäden beider Augen unsichtbar am Hinterkopf. Verstechen Sie die Fadenenden unter den Häkelmaschen und schneiden Sie die Reste ab.
Nähen Sie die Flügel rechts und links oberhalb der 7. Rd an. Das kleine Pikot zeigt als Flügelspitze dabei nach hinten/ unten in Richtung des Schwanzes.
Schneiden Sie 7 etwa 5 cm lange Fäden aus dem Garn in Fb 1. verknoten Sie diese einzeln mit einem doppelten Knoten in den M der letzten Rd am oberen Kopf. Kürzen Sie die so entstandenen Fransen auf eine Länge von ca. 1 cm.

Das erste Küken ist fertig. Arbeiten Sie das zweite Küken ebenso.

Der Zwerg

Material:

- 1 Styropor-Ei (Höhe: 6,1 cm)
- 10 g Merinowolle (LL 160 m/ 50 g) hellgrau – Farbe 1
- 10 g Merinowolle (LL 160 m/ 50 g) grün – Farbe 2
- 05 g Merinowolle (LL 160 m/ 50 g) weiß - Farbe 3
- 05 g Merinowolle (LL 160 m/ 50 g) rosa – Farbe 4
- 2 m Merinowolle (LL 160 m/ 50 g) rot – Farbe 5
- 2 Glasaugen schwarz Durchmesser 6 mm
- Häkelnadel Stärke 3
- Sticknadel ohne Spitze
- Sticknadel mit Spitze

Anleitung:

1. Rd: Häkeln Sie 7 fM mit Garn in Fb 1 in einen Fadenring.
2. Rd: Häkeln Sie je 2 fM in jede M der VorRd.
3. und 4. Rd: Es wird in Rd weiter gehäkelt, dabei an 7 gleichmäßig verteilten Stellen je 2 fM in eine Einstichstelle arbeiten. Die 4. Rd hat 28 fM.
Von der 5. bis zur 14. Rd ohne weitere Zunahmen häkeln.
Von der 15. bis zur 18. Rd wird mit Garn in Fb 4 weitergearbeitet.
Setzen Sie nun das Styropor-Ei ein mit dem dicken Ende nach unten.
19.- 22. Rd: An 7 gleichmäßig verteilten Stellen wird in jeder Rd je eine M der VorRd übersprungen.
23. Rd: Es werden fM gehäkelt, dabei wird jede zweite M übersprungen, die restlichen M werden mit einem Faden zusammen-gezogen

Die Arme:
In die M der 14. Rd werden 4 fM mit Garn in Fb 1 angehäkelt. Es werden 4 weitere R fM gearbeitet.
Dann wird mit Garn in Fb 4 weitergearbeitet: 2 LM häkeln. In jede M der Vor-R wird je 1 hStb. gearbeitet, alle hStb werden zusammen abgemascht.
Der zweite Arm wird ebenso gearbeitet. Der Abstand zwischen den Armen beträgt 8 M.

Die Füße:
Häkeln Sie 6 fM mit Garn in Fb 1 in einen Fadenring. Häkeln Sie 36 Rd fM.
Schließen Sie die Arbeit mit einer KM. Verbinden Sie nun den Anfang mit dem Ende des gehäkelten Schlauches und nähen Sie die ersten 2 cm zusammen. Nähen Sie nun das Fußteil an den Körper.

Der Bart:
Häkeln Sie mit Garn in Fb 3 eine Kette aus 11 LM und eine Wende-LM.
Häkeln Sie in jede LM jeweils 1 fM und 6 LM. Beenden Sie mit einer KM.

Die Mütze:

1. Rd: Häkeln Sie 4 fM mit Garn in Fb 2 in einen Fadenring.
2. - 18. Rd: Häkeln Sie je fM, dabei werden fortlaufend in jede 9. M je 2 fM gehäkelt, so dass sich die Mützenform herausbildet.
19. - 21. Rd: Häkeln Sie fM ohne weitere Zunahmen. Beenden Sie die Mütze mit einer KM.

Fertigstellung:

Nähen Sie den Bart an den Kopf. Sticken Sie die Nase in die Mitte des Kopfes oberhalb vom Bart mit fünf Plattstichen auf.
Befestigen Sie die Augen in der oberhalb des Bartes. Fädeln Sie dazu ein Auge auf einen Faden in Fb 3, stechen Sie mit der Nadel durch die Häkelmaschen und durch das Styropor. Verfahren Sie mit dem zweiten Auge ebenso und verknoten Sie die Fäden beider Augen unsichtbar am Hinterkopf. Verstechen Sie die Fadenenden unter den Häkelmaschen und schneiden Sie die Reste ab.
Nähen Sie nun die Mütze an den Kopf.
Die Hände werden im vorderen Bereich am Körper befestigt und alle Fäden werden verstochen und die Reste abgeschnitten.

Der Clown

Material:

- 1 Styropor-Ei (Höhe: 6,1 cm)
- 10 g Merinowolle (LL 160 m/ 50 g) hellblau – Farbe 1
- 10 g Merinowolle (LL 160 m/ 50 g) neongelb – Farbe 2
- 05 g Merinowolle (LL 160 m/ 50 g) weinrot - Farbe 3
- 05 g Merinowolle (LL 160 m/ 50 g) rosa – Farbe 4
- 2 m Merinowolle (LL 160 m/ 50 g) rot – Farbe 5
- 2 m Merinowolle (LL 160 m/ 50 g) rotbraun – Farbe 6
- 4 m Merinowolle (LL 160 m/ 50 g) pink – Farbe 7
- 2 Glasaugen schwarz Durchmesser 6 mm
- Häkelnadel Stärke 3
- Sticknadel ohne Spitze
- Sticknadel mit Spitze

Anleitung:

1. Rd: Häkeln Sie 7 fM mit Garn in Fb 1 in einen Fadenring.
2. Rd: Häkeln Sie je 2 fM in jede M der VorRd.
3. und 4. Rd: Es wird in Rd weiter gehäkelt, dabei an 7 gleichmäßig verteilten Stellen je 2 fM in eine Einstichstelle arbeiten. In der 4. Rd erhalten Sie 28 fM.
Von der 5. bis zur 14. Rd ohne weitere Zunahmen häkeln.
Von der 15. bis zur 18. Rd wird mit Garn in Fb 4 weitergearbeitet.
Setzen Sie nun das Styropor-Ei ein mit dem dicken Ende nach unten.
19.- 22. Rd: An 7 gleichmäßig verteilten Stellen wird in jeder Rd je eine M der VorRd übersprungen.
23. Rd: Es werden fM gehäkelt, dabei wird jede zweite M übersprungen, die restlichen M werden mit einem Faden zusammengezogen

Die Arme:
In die M der 14. Rd werden 4 fM mit Garn in Fb 1 angehäkelt.
Es werden 4 weitere R fM gearbeitet.
Es wird mit Garn in Fb 4 weitergearbeitet: 2 LM häkeln. In jede M der Vor-R wird je 1 hStb. gearbeitet, alle hStb werden zusammen abgemascht.
Der zweite Arm wird ebenso gearbeitet. Der Abstand zwischen den Armen beträgt 8 M.

Die Füße:
Häkeln Sie 6 fM mit Garn in Fb 3 in einen Fadenring. Häkeln Sie 36 Rd fM. Schließen Sie die Arbeit mit einer KM.
Verbinden Sie nun den Anfang mit dem Ende des gehäkelten Schlauches und nähen Sie die ersten 2 cm zusammen.
Nähen Sie nun das Fußteil an den Körper.

Die Haare:
Schneiden Sie 10 etwa 7 cm lange Fäden aus dem Garn in Fb 6.
Knoten Sie diese in die obere Kopfmitte und ziehen Sie die Enden links und rechts durch die 5. Rd des Kopfteils.

Die Mütze
1. Rd: Häkeln Sie 6 fM mit Garn in Fb 2 in einen Fadenring.
2. - 7. Rd: Häkeln Sie je fM, dabei werden an 6 gleichmäßig verteilten Stellen je 2 fM in eine M der VorRd gearbeitet.
8. - 10. Rd: Häkeln Sie fM ohne weitere Zunahmen.
11.- 12. Rd: Beenden Sie die Mütze mit einer KM.

Die Bommel:
Schneiden Sie 15 Fäden mit etwa 6 cm Länge aus Garn in Fb 7 zu. Knoten Sie die Fäden mit einem weiteren Faden in der Mitte fest zusammen. Schneiden Sie die Fäden links und rechts des Knotens auf etwa 1,2 cm Länge ab. Nähen Sie die Bommel an den Hut. Jetzt können Sie die Bommel noch rund nachschneiden.

Fertigstellung:

Sticken Sie die Nase mit 5 Plattstichen in Fb 5 auf. Befestigen Sie die Augen links und rechts neben der Nase. Fädeln Sie dazu ein Auge auf einen Faden in Fb 3, stechen Sie mit der Nadel durch die Häkelmaschen und durch das Styropor. Verfahren Sie mit dem zweiten Auge ebenso und verknoten Sie die Fäden beider Augen unsichtbar am Hinterkopf. Verstechen Sie die Fadenenden unter den Häkelmaschen und schneiden Sie die Reste ab.
Nähen Sie nun die Mütze an den Kopf. Schneiden Sie danach die Haare etwa 3 cm vom Rand des Hutes gemessen ab.
Die Hände werden im vorderen Bereich am Körper befestigt, alle Fäden werden verstochen und die Reste abgeschnitten.

Der Förster

Material:
- 1 Styropor-Ei (Höhe: 6,1 cm)
- 10 g Merinowolle (LL 160 m/ 50 g) waldgrün – Farbe 1
- 05 g Merinowolle (LL 160 m/ 50 g) schwarz – Farbe 2
- 05 g Merinowolle (LL 160 m/ 50 g) braun – Farbe 3
- 05 g Merinowolle (LL 160 m/ 50 g) rosa - Farbe 4
- 2 m Merinowolle (LL 160 m/ 50 g) rot – Farbe 5
- 2 m Merinowolle (LL 160 m/ 50 g) gelb – Farbe 6
- 2 Glasaugen schwarz Durchmesser 6 mm
- Häkelnadel Stärke 3, Sticknadel ohne Spitze, Sticknadel mit Spitze
- etwas Füllwatte

Anleitung:

1. Rd: Häkeln Sie 7 fM mit Garn in Fb 1 in einen Fadenring.
2. Rd: Häkeln Sie je 2 fM in jede M der VorRd.
3. und 4. Rd: Es wird in Rd weiter gehäkelt, dabei an 7 gleichmäßig verteilten Stellen je 2 fM in eine Einstichstelle arbeiten. Die 4. Rd hat 28 fM.
Von der 5. bis zur 14. Rd ohne weitere Zunahmen häkeln.
Von der 15. bis zur 18. Rd wird mit Garn in Fb 4 weitergearbeitet.
Setzen Sie nun das Styropor-Ei ein mit dem dicken Ende nach unten.
19.- 22. Rd: An 7 gleichmäßig verteilten Stellen wird in jeder Rd je eine M der VorRd übersprungen.
23. Rd: Es werden fM gehäkelt, dabei wird jede zweite M übersprungen, die restlichen M werden mit einem Faden zusammengezogen

Die Arme:
In die Maschen der 14. Rd werden 4 fM mit Garn in Fb 1 angehäkelt.
Es werden 4 weitere R fM gearbeitet.
Es wird mit Garn in Fb 4 weitergearbeitet: 2 LM häkeln. In jede M der Vor-R wird je 1 hStb. gearbeitet, alle hStb werden zusammen abgemascht.
Der zweite Arm wird ebenso gearbeitet. Der Abstand zwischen den Armen beträgt 8 M.

Die Füße:
Häkeln Sie 6 fM mit Garn in Fb 2 in einen Fadenring. Häkeln Sie 36 Rd fM.
Schließen Sie die Arbeit mit einer KM.
Verbinden Sie nun den Anfang mit dem Ende des gehäkelten Schlauches und nähen Sie die ersten 2 cm zusammen.
Nähen Sie nun das Fußteil an den Körper.

Der Hut:
1. Rd: Häkeln Sie 4 fM mit Garn in Fb 1 in einen Fadenring.
2. - 4. Rd: Häkeln Sie je fM, dabei werden an 6 gleichmäßig verteilten Stellen je 2 fM in die M der VorRd gehäkelt. Sie erhalten 24 fM.

5. - 6. Rd: Häkeln Sie weiter fM, die Zunahmen erfolgen nun nur noch in der 1. und 13. M, so dass sich die Mützenform herausbildet.
7.-10. Rd: Häkeln Sie ohne weitere Zunahmen.
11. Rd: Häkeln Sie fM wobei in jede 4. M der VorRd je 2 fM gearbeitet werden.
12.-13. Rd: Häkeln Sie fM ohne weitere Zunahmen. Beenden Sie den Hut mit einer KM.

Die Quaste:
Ziehen Sie 4 etwa 6 cm lange Fäden in Fb 6 durch eine Masche an der rechten Seite des Hutes. Verknoten Sie die Fäden und sticken Sie 5 Plattstiche über diesen Knoten. Die Quaste ist fertig.

Fertigstellung:

Verknoten Sie 3 Fäden in Fb 3 mittig an der Stelle, an der später die Nase platziert werden soll. Sticken Sie die Nase mit 5 Plattstichen in Fb 5 darüber. Schneiden Sie die Barthaare links und rechts der Nase auf etwa 1 cm ab.
Befestigen Sie die Augen oberhalb des Bartes. Fädeln Sie dazu ein Auge auf einen Faden in Fb 3, stechen Sie mit der Nadel durch die Häkelmaschen und durch das Styropor. Verfahren Sie mit dem zweiten Auge ebenso und verknoten Sie die Fäden beider Augen unsichtbar am Hinterkopf. Verstechen Sie die Fadenenden unter den Häkelmaschen und schneiden Sie die Reste ab.
Füllen Sie den Hut mit wenig Füllwatte und nähen Sie ihn an den Kopf.
Die Hände werden im vorderen Bereich am Körper befestigt und alle Fäden werden verstochen und die Reste abgeschnitten.

Ein Brautpaar

Der Bräutigam

Material:
- 1 Styropor-Ei (Höhe: 6,1 cm)
- 10 g Merinowolle (LL 160 m/ 50 g) schwarz – Farbe 1
- 05 g Merinowolle (LL 160 m/ 50 g) rosa - Farbe 2
- 05 g Merinowolle (LL 160 m/ 50 g) hellgrau - Farbe 3
- 2 m Merinowolle (LL 160 m/ 50 g) rot – Farbe 4
- 2 Glasaugen schwarz Durchmesser 6 mm
- Häkelnadel Stärke 3
- Sticknadel ohne Spitze
- Sticknadel mit Spitze
- etwas Füllwatte

Anleitung:
1. Rd: Häkeln Sie 7 fM mit Garn in Fb 1 in einen Fadenring.
2. Rd: Häkeln Sie je 2 fM in jede M der VorRd.
3. und 4. Rd: Es wird in Rd weiter gehäkelt, dabei an 7 gleichmäßig verteilten Stellen je 2 fM in eine Einstichstelle arbeiten. In der 4. Rd haben Sie 28 fM.
Von der 5. bis zur 14. Rd ohne weitere Zunahmen häkeln.
Von der 15. bis zur 18. Rd wird mit Garn in Fb 2 weitergearbeitet. Setzen Sie an dieser Stelle das Styropor-Ei ein mit dem dicken Ende nach unten.
19.- 22. Rd: An 7 gleichmäßig verteilten Stellen wird in jeder Rd je eine M der VorRd übersprungen.
23. Rd: Es werden fM gehäkelt, dabei wird jede zweite M übersprungen, die restlichen M werden mit einem Faden zusammengezogen

Die Arme:
In die Maschen der 14. Rd werden 4 fM mit Garn in Fb 1 angehäkelt. Es werden 4 weitere R fM gearbeitet.

Es wird mit Garn in Fb 2 weitergearbeitet: 2 LM häkeln. In jede M der Vor-R wird je 1 hStb. gearbeitet, alle hStb werden zusammen abgemascht.
Der zweite Arm wird ebenso gearbeitet. Der Abstand zwischen den Armen beträgt 8 M.

Die Füße:
Häkeln Sie 6 fM mit Garn in Fb 1 in einen Fadenring. Häkeln Sie 36 Rd fM.
Schließen Sie die Arbeit mit einer KM.
Verbinden Sie nun den Anfang mit dem Ende des gehäkelten Schlauches und nähen Sie die ersten 2 cm zusammen.
Nähen Sie nun das Fußteil an den Körper.

Der Hut:
1. Rd: Häkeln Sie 4 fM mit Garn in Fb 1 in einen Fadenring.
2. - 6. Rd: Häkeln Sie je fM, dabei werden an 6 gleichmäßig verteilten Stellen je 2 fM in die M der VorRd gehäkelt. Sie erhalten 24 fM.
7.-10. Rd: Häkeln Sie ohne weitere Zunahmen.
11. Rd: Häkeln Sie fM wobei in jede 4. M der VorRd je 2 fM gearbeitet werden.
12.-13. Rd: Häkeln Sie fM ohne weitere Zunahmen. Beenden Sie den Hut mit einer KM.

Der Bart:
Häkeln Sie eine LM-Kette aus 5 LM und einer Wende-LM in Fb 3. Häkeln Sie nun eine fM und 3 LM in die 2. LM. Häkeln Sie 1 fM und 4 LM in die 3. LM und 1 fM und 5 LM in die 4. LM. Es folgen 1 fM und 4 LM in die 5. LM und 1 fM, 3 LM und 1KM in die 5. LM. Der Bart ist fertig.

Die Haare:
Schneiden Sie 10 etwa 7 cm lange Fäden aus dem Garn in Fb 3. Knoten Sie diese in die obere Kopfmitte und ziehen Sie die Enden links und rechts durch die 5. Rd des Kopfteils.

Fertigstellung:

Sticken Sie die Nase mit 5 Plattstichen in Fb 4 in die Mitte des Gesichtes. Nähen Sie den Bart unter der Nase an.

Befestigen Sie die Augen oberhalb des Bartes. Fädeln Sie dazu ein Auge auf einen Faden in Fb 3, stechen Sie mit der Nadel durch die Häkelmaschen und durch das Styropor. Verfahren Sie mit dem zweiten Auge ebenso und verknoten Sie die Fäden beider Augen unsichtbar am Hinterkopf. Verstechen Sie die Fadenenden unter den Häkelmaschen und schneiden Sie die Reste ab.
Füllen Sie den Hut mit etwas Füllwatte und nähen Sie ihn über die Haare an den Kopf. Die Haare werden beim Annähen des Hutes mitgefasst.
Die Hände werden im vorderen Bereich am Körper befestigt und alle Fäden werden verstochen und die Reste abgeschnitten.

Die Braut

Material:
- 1 Styropor-Ei (Höhe: 6,1 cm)
- 10 g Merinowolle (LL 160 m/ 50 g) weiß – Farbe 1
- 05 g Merinowolle (LL 160 m/ 50 g) rosa - Farbe 2
- 05 g Merinowolle (LL 160 m/ 50 g) gelb - Farbe 3
- 2 m Merinowolle (LL 160 m/ 50 g) rot – Farbe 4
- 2 m Merinowolle (LL 160 m/ 50 g) pink – Farbe 5
- 2 m Merinowolle (LL 160 m/ 50 g) grün – Farbe 6
- 2 Glasaugen schwarz Durchmesser 6 mm
- Häkelnadel Stärke 3
- Sticknadel ohne Spitze
- Sticknadel mit Spitze

Anleitung:

1. Rd: Häkeln Sie 7 fM mit Garn in Fb 1 in einen Fadenring.
2. Rd: Häkeln Sie je 2 fM in jede M der VorRd.
3. und 4. Rd: Es wird in Rd weiter gehäkelt, dabei an 7 gleichmäßig verteilten Stellen je 2 fM in eine Einstichstelle arbeiten. In der 4. Rd haben Sie 28 fM.
Von der 5. bis zur 14. Rd ohne weitere Zunahmen häkeln.
Von der 15. bis zur 18. Rd wird mit Garn in Fb 2 weitergearbeitet. Setzen Sie an dieser Stelle das Styropor-Ei ein mit dem dicken Ende nach unten.
19.- 22. Rd: Nun wird mit Garn in Fb 3 weiter gehäkelt. An sieben gleichmäßig verteilten Stellen wird in jeder Rd je eine M der VorRd übersprungen.
23. Rd: Es werden fM gehäkelt, dabei wird jede zweite M übersprungen, die restlichen M werden mit einem Faden zusammengezogen.

Die Arme:
In die Maschen der 14. Rd werden 4 fM mit Garn in Fb 1 angehäkelt. Es werden 4 weitere R fM gearbeitet.
Es wird mit Garn in Fb 2 weitergearbeitet: 2 LM häkeln. In jede M der Vor-R wird je 1 hStb. gearbeitet, alle hStb werden zusammen abgemascht.
Der zweite Arm wird ebenso gearbeitet. Der Abstand beträgt 8 M.

Die Füße:
Häkeln Sie 6 fM mit Garn in Fb 1 in einen Fadenring. Häkeln Sie 36 Rd fM.
Schließen Sie die Arbeit mit einer KM.
Verbinden Sie nun den Anfang mit dem Ende des gehäkelten Schlauches und nähen Sie die ersten 2 cm zusammen.
Nähen Sie nun das Fußteil an den Körper.

Der Blumenkranz
1. Rd: Häkeln für eine Blüte Sie 5 mal je eine fM und 2 LM fM in einen Fadenring und schließen Sie die Blüte mit einer KM ab. Häkeln Sie 4 Blüten.

Die Haare:
Schneiden Sie 20 etwa 7 cm lange Fäden aus dem Garn in Fb 3.
Knoten Sie diese in die obere Kopfmitte und ziehen Sie die Enden
links und rechts durch die erste Rd des Haaransatzes.

Fertigstellung:

Sticken Sie die Nase mit 5 Plattstichen in Fb 4 in die Mitte des
Gesichtes.
Befestigen Sie die Augen. Fädeln Sie dazu ein Auge auf einen Faden
in Fb 3, stechen Sie mit der Nadel durch die Häkelmaschen und durch
das Styropor. Verfahren Sie mit dem zweiten Auge ebenso und
verknoten Sie die Fäden beider Augen unsichtbar am Hinterkopf.
Verstechen Sie die Fadenenden unter den Häkelmaschen und
schneiden Sie die Reste ab.
Nähen Sie nun die 4 Blüten im vorderen Haarbereich an. Sticken Sie
in die Mitte jeder Blüte einen Knötchenstich mit Garn in Fb 5.
Befestigen Sie eine LM-Kette aus 18 LM am Kopf von der ersten bis
zur letzten Blüte rund um den Kopf.
Die Hände werden im vorderen Bereich am Körper befestigt. Sticken
Sie einen Brautstrauß zwischen die Hände (Stiele und Blätter werden
als Plattstiche gearbeitet, die Blüten werden durch Knötchenstiche
angedeutet.
Alle Fäden werden verstochen und die Reste abgeschnitten.

Der Weihnachtsmann

Material:
- 1 Styropor-Ei (Höhe: 6,1 cm)
- 13 g Merinowolle (LL 160 m/ 50 g) rot – Farbe 1
- 10 g Merinowolle (LL 160 m/ 50 g) weiß - Farbe 2
- 05 g Merinowolle (LL 160 m/ 50 g) schwarz – Farbe 3
- 05 g Merinowolle (LL 160 m/ 50 g) rosa – Farbe 4
- 2 Glasaugen schwarz Durchmesser 6 mm
- Häkelnadel Stärke 3
- Sticknadel ohne Spitze
- Sticknadel mit Spitze

Anleitung:

1. Rd: Häkeln Sie 7 fM mit Garn in Fb 1 in einen Fadenring.
2. Rd: Häkeln Sie je 2 fM in jede M der VorRd.
3. und 4. Rd: Es wird in Rd weiter gehäkelt, dabei an 7 gleichmäßig verteilten Stellen je 2 fM in eine Einstichstelle arbeiten. Die 4. Rd hat 28 fM.
Von der 5. bis zur 14. Rd ohne weitere Zunahmen häkeln.
Von der 15. bis zur 18. Rd wird mit Garn in Fb 4 weitergearbeitet.
Setzen Sie nun das Styropor-Ei ein mit dem dicken Ende nach unten.
19.- 22. Rd: An 7 gleichmäßig verteilten Stellen wird in jeder Rd je eine M der VorRd übersprungen.
23. Rd: Es werden fM gehäkelt, dabei wird jede zweite M übersprungen, die restlichen M werden mit einem Faden zusammengezogen

Die Arme:
In die Maschen der 14. Rd werden 4 fM mit Garn in Fb 1 angehäkelt. Es werden 4 weitere R fM gearbeitet.
Es wird mit Garn in Fb 4 weitergearbeitet: 2 LM häkeln. In jede M der Vor-R wird je 1 hStb. gearbeitet, alle hStb werden zusammen abgemascht.
Der zweite Arm wird ebenso gearbeitet. Der Abstand beträgt 8 M.

Die Füße:
Häkeln Sie 6 fM mit Garn in Fb 3 in einen Fadenring. Häkeln Sie 36 Rd fM. Schließen Sie die Arbeit mit einer KM.
Verbinden Sie nun den Anfang mit dem Ende des gehäkelten Schlauches und nähen Sie die ersten 2 cm zusammen. Nähen Sie nun das Fußteil an den Körper.

Die Mütze
1. Rd: Häkeln Sie 5 fM mit Garn in Fb 2 in einen Fadenring.
2. - 15. Rd: Häkeln Sie je fM, dabei werden fortlaufend in jede 9. M je 2 fM gehäkelt, so dass sich die Mützenform herausbildet.
16. - 17. Rd: Häkeln Sie mit Garn in Fb 2 fM ohne weitere Zunahmen.
Beenden Sie die Mütze mit einer KM.

Der Bart:
Häkeln Sie mit Garn in Fb 2 eine Kette aus 11 LM und eine Wende-LM.
Häkeln Sie in jede LM jeweils 1 fM und 6 LM. Beenden Sie die Arbeit mit einer KM

Fertigstellung:

Nähen Sie den Bart an den Kopf. Sticken Sie die Nase in die Mitte des Kopfes oberhalb vom Bart mit fünf Plattstichen auf.
Befestigen Sie die Augen in der oberhalb des Bartes. Fädeln Sie dazu ein Auge auf einen Faden in Fb 3, stechen Sie mit der Nadel durch die Häkelmaschen und durch das Styropor. Verfahren Sie mit dem zweiten Auge ebenso und verknoten Sie die Fäden beider Augen unsichtbar am Hinterkopf. Verstechen Sie die Fadenenden unter den Häkelmaschen und schneiden Sie die Reste ab.
Nähen Sie nun die Mütze an den Kopf.
Die Hände werden im vorderen Bereich am Körper befestigt und alle Fäden werden verstochen und die Reste abgeschnitten.
Der Weihnachtsmann ist fertig.

Der kleine Koch

Material:

- 1 Styropor-Ei (Höhe: 6,1 cm)
- 10 g Merinowolle (LL 160 m/ 50 g) hellblau – Farbe 1
- 05 g Merinowolle (LL 160 m/ 50 g) weiß - Farbe 2
- 05 g Merinowolle (LL 160 m/ 50 g) hellgrau – Farbe 3
- 05 g Merinowolle (LL 160 m/ 50 g) rosa – Farbe 4
- 05 g Merinowolle (LL 160 m/ 50 g) gelb– Farbe 5
- 2 m Merinowolle (LL 160 m/ 50 g) blau – Farbe 6
- 2 Glasaugen schwarz Durchmesser 6 mm
- Häkelnadel Stärke 3
- Sticknadel ohne Spitze
- Sticknadel mit Spitze
- etwas Füllwatte

Anleitung:

1. Rd: Häkeln Sie 7 fM mit Garn in Fb 1 in einen Fadenring.
2. Rd: Häkeln Sie je 2 fM in jede M der VorRd.
3. und 4. Rd: Es wird in Rd weiter gehäkelt, dabei an 7 gleichmäßig verteilten Stellen je 2 fM in eine Einstichstelle arbeiten. In der 4. Rd haben Sie 28 fM.
Von der 5. bis zur 14. Rd ohne weitere Zunahmen häkeln.
Von der 15. bis zur 18. Rd wird mit Garn in Fb 4 weitergearbeitet. Setzen Sie an dieser Stelle das Styropor-Ei ein mit dem dicken Ende nach unten.
19.- 22. Rd: An 7 gleichmäßig verteilten Stellen wird in jeder Rd je eine M der VorRd übersprungen.
23. Rd: Es werden fM gehäkelt, dabei wird jede zweite M übersprungen, die restlichen M werden mit einem Faden zusammengezogen

Die Arme:
In die Maschen der 14. Rd werden 4 fM mit Garn in Fb 1 angehäkelt. Es werden 4 weitere R fM gearbeitet.
Es wird mit Garn in Fb 4 weitergearbeitet: 2 LM häkeln. In jede M der VorR wird je 1 hStb. gearbeitet, alle hStb werden zusammen abgemascht.
Der zweite Arm wird ebenso gearbeitet. Der Abstand zwischen den Armen beträgt 8 M.

Die Füße:
Häkeln Sie 6 fM mit Garn in Fb 3 in einen Fadenring. Häkeln Sie 36 Rd fM. Schließen Sie die Arbeit mit einer KM.
Verbinden Sie nun den Anfang mit dem Ende des gehäkelten Schlauches und nähen Sie die ersten 2 cm zusammen. Nähen Sie nun das Fußteil an den Körper.

Die Haare:
Schneiden Sie 10 etwa 7 cm lange Fäden aus dem Garn in Fb 5. Knoten Sie diese in die obere Kopfmitte und ziehen Sie die Enden links und rechts durch die 5. Rd des Kopfteils.

Die Mütze
1. Rd: Häkeln Sie 4 fM mit Garn in Fb 2 in einen Fadenring.
2. - 5. Rd: Häkeln Sie je fM, dabei werden an 6 gleichmäßig verteilten Stellen je 2 fM in die M der VorRd gehäkelt. Sie erhalten 24 fM.
6. Rd: Häkeln Sie je 2 fM in jede M der VorRd.
7. Rd: Häkeln Sie ohne weitere Zunahmen.
8. Rd: Häkeln Sie fM, überspringen Sie dabei jede 2. M.
9.-13. Rd: Häkeln Sie fM ohne weitere Zunahmen. Beenden Sie die Mütze mit einer KM.

Fertigstellung:

Sticken Sie die Nase in die Mitte des Kopfes mit fünf Plattstichen auf. Befestigen Sie die Augen in der oberhalb des Bartes. Fädeln Sie dazu ein Auge auf einen Faden in Fb 3, stechen Sie mit der Nadel durch die Häkelmaschen und durch das Styropor. Verfahren Sie mit dem zweiten Auge ebenso und verknoten Sie die Fäden beider Augen unsichtbar am Hinterkopf. Verstechen Sie die Fadenenden unter den Häkelmaschen und schneiden Sie die Reste ab.
Füllen Sie die Mütze mit etwas Füllwatte und nähen Sie diese an den Kopf.
Die Hände werden im vorderen Bereich am Körper befestigt. Sticken Sie mit Garn in Fb 6 eine Fliege im Halsbereich auf.
Alle Fäden werden verstochen und die Reste abgeschnitten.

Junge mit Pudelmütze

Material:

- 1 Styropor-Ei (Höhe: 6,1 cm)
- 13 g Merinowolle (LL 160 m/ 50 g) blau – Farbe 1
- 10 g Merinowolle (LL 160 m/ 50 g) grün-grau-meliert - Farbe 2
- 05 g Merinowolle (LL 160 m/ 50 g) schwarz – Farbe 3
- 05 g Merinowolle (LL 160 m/ 50 g) rosa – Farbe 4
- 05 g Merinowolle (LL 160 m/ 50 g) pink – Farbe 5
- 05 g Merinowolle (LL 160 m/ 50 g) gelb – Farbe 6
- 2 Glasaugen schwarz Durchmesser 6 mm
- Häkelnadel Stärke 3
- Sticknadel ohne Spitze
- Sticknadel mit Spitze

Anleitung:

1. Rd: Häkeln Sie 7 fM mit Garn in Fb 1 in einen Fadenring.
2. Rd: Häkeln Sie je 2 fM in jede M der VorRd.
3. und 4. Rd: Es wird in Rd weiter gehäkelt, dabei an 7 gleichmäßig verteilten Stellen je 2 fM in eine Einstichstelle arbeiten. In der 4. Rd haben Sie 28 fM.
Von der 5. bis zur 14. Rd ohne weitere Zunahmen häkeln.
Von der 15. bis zur 18. Rd wird mit Garn in Fb 4 weitergearbeitet. Setzen Sie an dieser Stelle das Styropor-Ei ein mit dem dicken Ende nach unten.
19.- 22. Rd: An 7 gleichmäßig verteilten Stellen wird in jeder Rd je eine M der VorRd übersprungen.
23. Rd: Es werden fM gehäkelt, dabei wird jede zweite M übersprungen, die restlichen M werden mit einem Faden zusammengezogen

Die Arme:
In die Maschen der 14. Rd werden 4 fM mit Garn in Fb 1 angehäkelt. Es werden 4 weitere R fM gearbeitet.
Es wird mit Garn in Fb 4 weitergearbeitet: 2 LM häkeln. In jede M der Vor-R wird je 1 hStb. gearbeitet, alle hStb werden zusammen abgemascht.
Der zweite Arm wird ebenso gearbeitet. Der Abstand zwischen den Armen beträgt 8 M.

Die Füße:
Häkeln Sie 6 fM mit Garn in Fb 3 in einen Fadenring. Häkeln Sie 36 Rd fM. Schließen Sie die Arbeit mit einer KM.
Verbinden Sie nun den Anfang mit dem Ende des gehäkelten Schlauches und nähen Sie die ersten 2 cm zusammen.
Nähen Sie nun das Fußteil an den Körper.

Die Haare: Schneiden Sie 10 etwa 7 cm lange Fäden aus dem Garn in Fb 6. Knoten Sie diese in die obere Kopfmitte und ziehen Sie die Enden vorn als Pony durch die 4. Rd des Kopfteils.

Die Mütze
1. Rd: Häkeln Sie 5 fM mit Garn in Fb 2 in einen Fadenring.
2. - 12. Rd: Häkeln Sie je fM, dabei werden in jeder geraden Rd an 5 gleichmäßig verteilten Stellen je 2 fM gehäkelt, so dass sich die Mützenform herausbildet.
13. - 14. Rd: Häkeln Sie mit Garn in Fb 5 fM ohne weitere Zunahmen. Beenden Sie die Mütze mit einer KM.

Die Bommel:
Schneiden Sie 15 Fäden mit etwa 6 cm Länge aus Garn in Fb 5 zu. Knoten Sie die Fäden mit einem weiteren Faden in der Mitte fest zusammen. Schneiden Sie die Fäden links und rechts des Knotens auf etwa 1,2 cm Länge ab. Nähen Sie die Bommel an den Hut.

Fertigstellung:

Sticken Sie die Nase in die Mitte des Kopfes mit fünf Plattstichen auf. Befestigen Sie die Augen. Fädeln Sie dazu ein Auge auf einen Faden in Fb 3, stechen Sie mit der Nadel durch die Häkelmaschen und durch das Styropor. Verfahren Sie mit dem zweiten Auge ebenso und verknoten Sie die Fäden beider Augen unsichtbar am Hinterkopf. Verstechen Sie die Fadenenden unter den Häkelmaschen und schneiden Sie die Reste ab.
Nähen Sie nun die Mütze an den Kopf. Dabei werden die Haare vorderen Ponybereich mitgefasst.
Die Hände werden im vorderen Bereich am Körper befestigt und alle Fäden werden verstochen und die Reste abgeschnitten.

Mädchen in Pink

Material:

- 1 Styropor-Ei (Höhe: 6,1 cm)
- 10 g Merinowolle (LL 160 m/ 50 g) pink – Farbe 1
- 05 g Merinowolle (LL 160 m/ 50 g) rosa - Farbe 2
- 05 g Merinowolle (LL 160 m/ 50 g) gelb - Farbe 3
- 2 m Merinowolle (LL 160 m/ 50 g) rot – Farbe 4
- 2 m Merinowolle (LL 160 m/ 50 g) grün – Farbe 5
- 2 Glasaugen schwarz Durchmesser 6 mm
- Häkelnadel Stärke 3
- Sticknadel ohne Spitze, Sticknadel mit Spitze

Anleitung:

1. Rd: Häkeln Sie 7 fM mit Garn in Fb 1 in einen Fadenring.
2. Rd: Häkeln Sie je 2 fM in jede M der VorRd.
3. und 4. Rd: Es wird in Rd weiter gehäkelt, dabei an 7 gleichmäßig verteilten Stellen je 2 fM in eine Einstichstelle arbeiten. In der 4. Rd haben Sie 28 fM.
Von der 5. bis zur 14. Rd ohne weitere Zunahmen häkeln.
Von der 15. bis zur 18. Rd wird mit Garn in Fb 2 weitergearbeitet.
Setzen Sie nun das Styropor-Ei ein mit dem dicken Ende nach unten.
19.- 22. Rd: An 7 gleichmäßig verteilten Stellen wird in jeder Rd je eine M der VorRd übersprungen.
23. Rd: Es werden fM gehäkelt, dabei wird jede zweite M übersprungen, die restlichen M werden mit einem Faden zusammengezogen

Die Arme:
In die Maschen der 14. Rd werden 4 fM mit Garn in Fb 1 angehäkelt.
Es werden 4 weitere R fM gearbeitet.
Es wird mit Garn in Fb 2 weitergearbeitet: 2 LM häkeln. In jede M der Vor-R wird je 1 hStb. gearbeitet, alle hStb werden zusammen abgemascht.
Der zweite Arm wird ebenso gearbeitet. Der Abstand zwischen den Armen beträgt 8 M.

Die Füße:
Häkeln Sie 6 fM mit Garn in Fb 1 in einen Fadenring. Häkeln Sie 36 Rd fM.
Schließen Sie die Arbeit mit einer KM.
Verbinden Sie nun den Anfang mit dem Ende des gehäkelten Schlauches und nähen Sie die ersten 2 cm zusammen.
Nähen Sie nun das Fußteil an den Körper.

Die Haare:
Schneiden Sie 20 etwa 7 cm lange Fäden aus dem Garn in Fb 3.
Knoten Sie diese in die obere Kopfmitte und ziehen Sie die Enden links, rechts und vorn durch die 4. Rd von oben.

Der Hut:
1. Rd: Häkeln Sie 6 fM mit Garn in Fb 1 in einen Fadenring.
2. Rd: Häkeln Sie je 2 fM in jede M der VorRd.
3. - 6. Rd: Es wird in Rd weiter gehäkelt, dabei an 6 gleichmäßig verteilten Stellen je 2 fM in eine Einstichstelle arbeiten.
7. Rd: Häkeln Sie abwechselnd 1 fM, 1 fM mit einem Pikot aus drei LM bis zum Ende der Rd. Schließen Sie den Hut mit einer KM ab.

Fertigstellung:

Sticken Sie die Nase mit 5 Plattstichen in Fb 4 in die Mitte des Gesichtes.
Befestigen Sie die Augen. Fädeln Sie dazu ein Auge auf einen Faden in Fb 3, stechen Sie mit der Nadel durch die Häkelmaschen und durch das Styropor. Verfahren Sie mit dem zweiten Auge ebenso und verknoten Sie die Fäden beider Augen unsichtbar am Hinterkopf. Verstechen Sie die Fadenenden unter den Häkelmaschen und schneiden Sie die Reste ab.
Nähen Sie nun den Hut auf den Kopf, dabei werden die Haare mitgefasst. Schneiden Sie die Haare im Ponybereich kürzer als an den Seiten.
Die Hände werden im vorderen Bereich am Körper befestigt. Sticken Sie einen Blumenstrauß zwischen die Hände (5 Stiele werden als Plattstiche gearbeitet, die 5 Blüten werden durch Knötchenstiche angedeutet.
Alle Fäden werden verstochen und die Reste abgeschnitten.

Strubbel-köpfchen

Material:

- 1 Styropor-Ei (Höhe: 6,1 cm)
- 10 g Merinowolle (LL 160 m/ 50 g) grün-blau-orange-meliert – Farbe 1
- 10 g Merinowolle (LL 160 m/ 50 g) hellgrau – Farbe 2
- 05 g Merinowolle (LL 160 m/ 50 g) rotbraun- Farbe 3
- 05 g Merinowolle (LL 160 m/ 50 g) rosa – Farbe 4
- 2 m Merinowolle (LL 160 m/ 50 g) rot – Farbe 5
- 2 Glasaugen schwarz Durchmesser 6 mm
- Häkelnadel Stärke 3
- Sticknadel ohne Spitze
- Sticknadel mit Spitze

Anleitung:

1. Rd: Häkeln Sie 7 fM mit Garn in Fb 1 in einen Fadenring.
2. Rd: Häkeln Sie je 2 fM in jede M der VorRd.
3. und 4. Rd: Es wird in Rd weiter gehäkelt, dabei an 7 gleichmäßig verteilten Stellen je 2 fM in eine Einstichstelle arbeiten. Die 4. Rd hat 28 fM.
Von der 5. bis zur 14. Rd ohne weitere Zunahmen häkeln.
Von der 15. bis 18. Rd wird mit Garn in Fb 4 weitergearbeitet.
Setzen Sie nun das Styropor-Ei ein mit dem dicken Ende nach unten.
19.- 22. Rd: Nun wird mit Fb 3 gehäkelt. An 7 gleichmäßig verteilten Stellen wird in jeder Rd je eine M der VorRd übersprungen.
23. Rd: Es werden fM gehäkelt, dabei wird jede zweite M übersprungen, die restlichen M werden mit einem Faden zusammengezogen

Die Arme:
In die Maschen der 14. Rd werden 4 fM mit Garn in Fb 1 angehäkelt. Es werden 4 weitere R fM gearbeitet.
Dann wird mit Garn in Fb 4 weiter-gearbeitet: 2 LM häkeln. In jede M der Vor-R wird je 1 hStb. gearbeitet, alle hStb werden zusammen abgemascht.
Der zweite Arm wird ebenso gearbeitet. Der Abstand beträgt 8 M.

Die Füße:
Häkeln Sie 6 fM mit Garn in Fb 2 in einen Fadenring. Häkeln Sie 36 Rd fM.
Schließen Sie die Arbeit mit einer KM. Verbinden Sie nun den Anfang mit dem Ende des gehäkelten Schlauches und nähen Sie die ersten 2 cm zusammen. Nähen Sie nun das Fußteil an den Körper.

Die Haare:
Schneiden Sie 20 etwa 7 cm lange Fäden aus Garn in Fb 3. Knoten Sie diese jeweils mit Doppelknoten in die Maschen der oberen Kopfmitte.

Fertigstellung:

Sticken Sie die Nase mit 5 Plattstichen in Fb 5 auf. Befestigen Sie die Augen links und rechts neben der Nase. Fädeln Sie dazu ein Auge auf einen Faden in Fb 3, stechen Sie mit der Nadel durch die Häkelmaschen und durch das Styropor. Verfahren Sie mit dem zweiten Auge ebenso und verknoten Sie die Fäden beider Augen unsichtbar am Hinterkopf. Verstechen Sie die Fadenenden unter den Häkelmaschen und schneiden Sie die Reste ab. Die Hände werden am Körper befestigt.

Der kleine Pirat

Material:

- 1 Styropor-Ei (Höhe: 6,1 cm)
- 10 g Merinowolle (LL 160 m/ 50 g) jeansblau– Farbe 1
- 10 g Merinowolle (LL 160 m/ 50 g) hellblau – Farbe 2
- 05 g Merinowolle (LL 160 m/ 50 g) rot - Farbe 3
- 05 g Merinowolle (LL 160 m/ 50 g) rosa – Farbe 4
- 05 g Merinowolle (LL 160 m/ 50 g) schwarz – Farbe 5
- 0,5 m Merinowolle (LL 160 m/ 50 g) dunkelgrau – Farbe 6
- 1 Glasauge schwarz Durchmesser 6 mm
- Häkelnadel Stärke 3
- Sticknadel ohne Spitze
- Sticknadel mit Spitze

Anleitung:

1. Rd: Häkeln Sie 7 fM mit Garn in Fb 1 in einen Fadenring.
2. Rd: Häkeln Sie je 2 fM in jede M der VorRd.
3. und 4. Rd: Es wird in Rd weiter gehäkelt, dabei an 7 gleichmäßig verteilten Stellen je 2 fM in eine Einstichstelle arbeiten. In der 4. Rd haben Sie 28 fM.
Von der 5. bis zur 14. Rd ohne weitere Zunahmen häkeln.
Von der 15. bis zur 18. Rd wird mit Garn in Fb 4 weitergearbeitet.
Setzen Sie nun das Styropor-Ei ein mit dem dicken Ende nach unten.
19.- 22. Rd: An 7 gleichmäßig verteilten Stellen wird in jeder Rd je eine M der VorRd übersprungen.
23. Rd: Es werden fM gehäkelt, dabei wird jede zweite M übersprungen, die restlichen M werden mit einem Faden zusammengezogen

Die Arme:
In die Maschen der 14. Rd werden 4 fM mit Garn in Fb 1 angehäkelt. Es werden 4 weitere R fM gearbeitet.
Es wird mit Garn in Fb 4 weitergearbeitet: 2 LM häkeln. In jede M der Vor-R wird je 1 hStb. gearbeitet, alle hStb werden zusammen abgemascht.
Der zweite Arm wird ebenso gearbeitet. Der Abstand zwischen den Armen beträgt 8 M.

Die Füße:
Häkeln Sie 6 fM mit Garn in Fb 2 in einen Fadenring. Häkeln Sie 36 Rd fM.
Schließen Sie die Arbeit mit einer KM.
Verbinden Sie nun den Anfang mit dem Ende des gehäkelten Schlauches und nähen Sie die ersten 2 cm zusammen.
Nähen Sie nun das Fußteil an den Körper.

Die Augenklappe:
Häkeln Sie 6 fM in Fb 5 in einen Fadenring. Schließen Sie die Rd mit einer KM. Häkeln Sie direkt im Anschluss 9 LM.
Häkeln Sie an der anderen Seite der Augenklappe 5 LM.

Das Kopftuch:
1. Rd: Häkeln Sie 6 fM mit Garn in Fb 3 in einen Fadenring.
2. Rd: Häkeln Sie je 2 fM in jede M der VorRd.
3. - 6. Rd: Es wird in Rd weiter gehäkelt, dabei an 6 gleichmäßig verteilten Stellen je 2 fM in eine Einstichstelle arbeiten.
7. Rd: Häkeln Sie fM ohne weitere Zunahmen, beenden Sie die Rd mit einer KM.
(*) Häkeln Sie nun 8 LM und eine Wende-LM. Häkeln Sie fM in jede LM und eine KM in den Mützenrand. Wiederholen Sie die Vorgehensweise ab (*). So entstehen die beiden Zipfel des Kopftuches.

Fertigstellung:

Sticken Sie die Nase mit 5 Plattstichen in Fb 5 auf. Verknoten Sie unter der Nase 2 etwa 6 cm lange Fäden in Fb 6 für den Schnurrbart. Befestigen ein Auge links neben der Nase. Fädeln Sie dazu ein Auge auf einen Faden in Fb 3, stechen Sie mit der Nadel durch die Häkelmaschen und durch das Styropor. Verknoten Sie die Fäden des Auges unsichtbar am Hinterkopf. Verstechen Sie die Fadenenden unter den Häkelmaschen und schneiden Sie die Reste ab.
Befestigen Sie die Augenklappe rechts neben der Nase
Die Hände werden im vorderen Bereich am Körper befestigt, alle Fäden werden verstochen und die Reste abgeschnitten.

Noch mehr Häkel-Inspirationen finden Sie hier:

Lustige Häkelfiguren, Elke Selke, 2013, Paperback, 72 S., ISBN 3732254801

Gehäkelte Gardinen, Elke Selke, 2010, Paperback, 80 S., ISBN 3839137608

Gehäkelte Gardinen 2, Elke Selke, 2011, Paperback, 80 S., ISBN 3842384939

Gehäkelte Gardinen 3, Elke Selke, 2013, Paperback, 72 S., ISBN 3732238164

Gehäkelte Eulen für Groß und Klein, Elke Selke, 2015, e-book, ISBN 9783738624410

Teddys häkeln für Groß und Klein, Elke Selke, 2015, e-book, ISBN 9783738611977

Schildkröten häkeln für Groß und Klein, Elke Selke, 2015, e-book, ISBN 9783739224961

Kontakt: Elke Selke, maschenmix@web.de

©Copyright 2017 Elke Selke ISBN 9783743165571

Dieses Werk einschließlich aller seiner Teile ist urheberrechtlich geschützt. Jede Verwertung außerhalb des Urheberrechtsgesetzes ist ohne Zustimmung der Autorin unzulässig und strafbar. Das gilt insbesondere für Vervielfältigungen, Übersetzungen, Mikroverfilmungen sowie die Einspeicherung und Verarbeitung in elektronischen Systemen. Es ist daher nicht gestattet, Abbildungen dieses Buches zu scannen, in PCs oder auf CDs zu speichern bzw. zu verändern oder einzeln oder zusammen mit anderen Bildvorlagen zu manipulieren – es sei denn, mit Genehmigung der Autorin. Die im Buch veröffentlichten Anleitungen, Muster und Tipps wurden sorgfältig erarbeitet und geprüft. Eine Garantie kann dennoch nicht übernommen werden, ebenso ist eine Haftung der Autorin für Personen-, Sach- und Vermögensschäden ausgeschlossen. Jede gewerbliche Nutzung der Arbeiten und Entwürfe ist nur mit Genehmigung der Autorin gestattet. Bei der Anwendung im Unterricht ist auf dieses Buch hinzuweisen.